CADENAS ALIMENTARIAS DEL DESIERTO

Bobbie Kalman y Kelley MacAulay

🌳 Crabtree Publishing Company

www.crabtreebooks.com

CADENAS ALIMENTARIAS DEL DESIERTO

Creado por Bobbie Kalman

Dedicado por Craig Culliford
Para mi hija Amy, con amor

Editora en jefe
Bobbie Kalman

Equipo de redacción
Bobbie Kalman
Kelley MacAulay

Editora de contenido
Kathryn Smithyman

Editoras
Molly Aloian
Kristina Lundblad
Reagan Miller

Director artístico
Robert MacGregor

Diseño
Katherine Kantor

Coordinación de producción
Katherine Kantor

Investigación fotográfica
Crystal Foxton

Consultora
Patricia Loesche, Ph.D., Programa
sobre el comportamiento de animales,
Departamento de Psicología,
University of Washington

Consultor lingüístico
Dr. Carlos García, M.D., Maestro bilingüe de Ciencias, Estudios Sociales y Matemáticas

Agradecimiento especial a
New England Hiking Holidays

Fotografías
Bruce Coleman Inc.: Bob y Clara Calhoun: página 17 (inferior)
James Kamstra: páginas 15 (superior), 21 (inferior), 25
Fotografía de Tina Kennedy: página 29
Robert McCaw: páginas 14 (superior), 20 (inferior), 23 (inferior)
New England Hiking Holidays: página 30
Tom Stack & Associates: Joe McDonald: página 19
Otras imágenes de Adobe Image Library, Corbis, Corel, Digital Stock,
Digital Vision y Photodisc

Ilustraciones
Barbara Bedell: páginas 3 (rata canguro, agave, escorpión y conejo), 5 (conejo),
6-7 (escorpión, rata canguro, conejo, tortuga, agave y ratón), 14, 16,
24 (suelo y agave), 25 (derecha), 26 (rata canguro, conejo y coyote)
Katherine Kantor: páginas 3 (rocas), 5 (pasto), 6-7 (cacto con flores y pasto), 9, 10,
11, 13, 26 (cacto, serpiente y pasto)
Cori Marvin: página 24 (murciélago)
Jeannette McNaughton: página 25 (izquierda)
Margaret Amy Reiach: logotipo de la serie, páginas 3 (araña y caracol), 5 (coyote y sol),
6-7 (coyote, caracol y araña), 20, 24 (lombriz)
Bonna Rouse: páginas 3 (cacto), 6-7 (cacto y hierbas)

Traducción
Servicios de traducción al español y de composición de textos suministrados por translations.com

Crabtree Publishing Company

www.crabtreebooks.com   1-800-387-7650

Library of Congress Cataloging-in-Publication Data
Kalman, Bobbie, 1947-
[Desert food chains. Spanish]
Cadenas alimentarias del desierto / written by Bobbie Kalman
and Kelley MacAulay.
p. cm. -- (Serie Cadenas alimentarias)
Includes index.
ISBN-13: 978-0-7787-8530-9 (rlb)
ISBN-10: 0-7787-8530-0 (rlb)
ISBN-13: 978-0-7787-8546-0 (pbk)
ISBN-10: 0-7787-8546-7 (pbk)
1. Desert ecology--Juvenile literature. 2. Food chains (Ecology)--
Juvenile literature. I. MacAulay, Kelley. II. Title. III. Series.
QH541.5.D4K3518 2006
577.54--dc22
                                                    2005036517
                                                    LC

**Publicado en
los Estados Unidos**
PMB16A
350 Fifth Ave.
Suite 3308
New York, NY
10118

**Publicado
en Canadá**
616 Welland Ave.,
St. Catharines, Ontario
Canadá
L2M 5V6

**Publicado en el
Reino Unido**
White Cross Mills
High Town, Lancaster
LA1 4XS
Reino Unido

**Publicado
en Australia**
386 Mt. Alexander Rd.,
Ascot Vale (Melbourne)
VIC 3032

Contenido

¿Qué son las cadenas alimentarias?

La Tierra está llena de seres vivos. Algunos de estos seres son animales; otros, son plantas. La mayoría de los animales y plantas requieren las mismas cosas para sobrevivir. Necesitan aire, agua, luz solar y alimento.

Nutrientes y energía

Los animales y las plantas obtienen de los alimentos **nutrientes**, es decir, las sustancias que necesitan para crecer y estar sanos. Los alimentos también dan **energía**, o fuerza, a los animales. Los animales usan la energía para respirar, crecer y moverse.

Esta iguana del desierto obtiene nutrientes y energía de un cacto.

4

Una cadena alimentaria

Todos los animales se alimentan de otros seres vivos para obtener energía. Algunos animales comen plantas. Otros comen animales que se alimentan de plantas. Por ejemplo, los conejos comen pasto y los coyotes comen conejos. Este modelo de alimentarse y servir de alimento se llama **cadena alimentaria**. Todas las plantas y animales pertenecen, por lo menos, a una cadena alimentaria.

Energía para las plantas

Las plantas no obtienen alimento de la misma manera que los animales. ¿Sabes cómo las plantas obtienen alimento? Lo **producen**, o fabrican, usando la energía del sol. Para ver cómo funciona una cadena alimentaria, mira el diagrama de la derecha.

Energía del sol

Las plantas verdes atrapan parte de la energía solar y la usan para producir su alimento. Usan parte de la energía como alimento y almacenan el resto.

sol

pasto

Cuando un animal, como una liebre, come una planta, obtiene parte de la energía que estaba almacenada en ella. La liebre obtiene menos energía del sol que la que recibió el pasto.

liebre

Cuando un coyote come una liebre, la energía pasa de la liebre al coyote. El coyote obtiene menos energía del sol que la que recibió la liebre.

coyote

5

Una pirámide energética

A medida que los animales se alimentan, la energía pasa de un ser vivo a otro. La **pirámide energética** de la derecha muestra cómo fluye la energía. La pirámide es ancha en el primer nivel para mostrar que hay muchas plantas que producen energía alimentaria. En el segundo nivel hay menos seres vivos, por lo cual se estrecha la pirámide. La pirámide es aún más estrecha en la parte superior. ¿Sabes por qué?

Tercer nivel: carnívoros

El tercer nivel de una cadena alimentaria está formado por los carnívoros. Los **carnívoros** son animales que obtienen energía alimentaria al comer otros animales. En una cadena alimentaria, los carnívoros son los **consumidores secundarios**.

Los consumidores secundarios se alimentan de los primarios. Están en la parte más alta de la cadena alimentaria, donde hay mucha menos energía. Como resultado, hay menos carnívoros que herbívoros y plantas. La pirámide es más estrecha en este nivel para mostrar la menor cantidad de seres vivos.

Segundo nivel: herbívoros

El segundo nivel de una cadena alimentaria está formado por los **herbívoros**. Los herbívoros son animales que comen principalmente plantas. En una cadena alimentaria, los herbívoros son

los **consumidores primarios**. Los consumidores primarios son los primeros seres vivos de una cadena alimentaria que deben comer para obtener energía. Necesitan comer muchas plantas para obtener la energía que requieren para sobrevivir. Es por ello que hay menos herbívoros que plantas.

Primer nivel: plantas

El primer nivel de una cadena alimentaria, el nivel **primario**, está formado por las plantas. Las plantas son **productores primarios** porque producen alimento y son el primer nivel de la cadena. Hay más plantas que animales. Se necesitan muchas plantas para alimentar a todos los animales de una cadena alimentaria.

El desierto de Sonora

Los desiertos fríos, como el Ártico, no reciben mucha nieve durante el año. Generalmente, la nieve es profunda porque no se derrite.

Este libro es acerca de las cadenas alimentarias en el desierto de Sonora. Un desierto es un área natural que recibe menos de diez pulgadas (25 cm) de lluvia o nieve al año. La poca cantidad de lluvia o nieve lo convierte en un lugar seco. La mayoría de los desiertos son cálidos, pero algunos son fríos. En los desiertos fríos, nieva. En los desiertos cálidos, llueve. Como la mayoría de los desiertos, el de Sonora es un desierto cálido.

Algunos desiertos cálidos son enormes zonas arenosas donde pocos seres vivos pueden crecer.

Cambios repentinos

El desierto de Sonora está en el sur de Arizona y California. También se extiende hasta el norte de México. El desierto de Sonora es un lugar donde el clima cambia rápidamente. Hace mucho calor durante el día, pero usualmente hace un frío helado de noche. El clima es seco durante largos períodos. Luego de un período seco, pueden caer lluvias abundantes que cubren la tierra de agua.

Estados Unidos

México

El desierto de Sonora tiene dos estaciones lluviosas. La lluvia permite que muchos seres vivos sobrevivan.

Producir alimento

El tallo absorbe luz solar.

En el interior del tallo se almacena agua.

*Las raíces **absorben**, o toman, agua y nutrientes del suelo.*

Las plantas verdes son los únicos seres vivos que producen su propio alimento usando la energía del sol. El proceso de producir alimento a partir de la luz solar se llama **fotosíntesis**.

Fotosíntesis

Las plantas contienen un **pigmento**, o color verde, llamado **clorofila**. La clorofila atrapa la luz del sol. Para producir alimento, la clorofila combina la luz solar con agua del suelo y con **dióxido de carbono**, que es un gas del aire. El alimento que las plantas producen es un tipo de azúcar que se llama **glucosa**. Las plantas usan parte del alimento que producen y almacenan el resto.

La clorofila se halla en las hojas de la mayoría de las plantas verdes, pero muchas plantas del desierto no tienen hojas. En las plantas del desierto, como el saguaro que se muestra a la izquierda, la fotosíntesis se produce generalmente en los tallos.

Trabajo nocturno

Todas las plantas verdes absorben dióxido de carbono a través de pequeños agujeros llamados **estomas**. La mayoría absorbe este gas durante el día. Cuando las plantas abren sus estomas, sale un poco de agua por estos agujeros. El agua se **evapora**, o se convierte en vapor de agua, rápidamente por el calor del sol. ¡Las plantas del desierto no pueden desperdiciar agua! Para evitar la pérdida de agua, muchas plantas del desierto abren sus estomas sólo durante la noche.

Las plantas ayudan

Durante la fotosíntesis, las plantas verdes producen grandes cantidades de **oxígeno**. Los animales necesitan oxígeno para sobrevivir. Al producir oxígeno, la fotosíntesis ayuda a los animales. También los ayuda al consumir el dióxido de carbono. El exceso de dióxido de carbono en el aire hace daño a los animales.

Durante la noche, la estoma abierta absorbe dióxido de carbono y libera oxígeno.

11

Plantas del desierto de Sonora

El desierto de Sonora es un lugar donde las plantas no pueden crecer fácilmente. Hace calor y es seco. Durante casi todo el año, el suelo es delgado y arenoso. Tiene muy pocos de los nutrientes que necesitan las plantas para sobrevivir.

Unas pocas **especies**, o tipos, de plantas se **adaptaron**, o cambiaron, para poder sobrevivir en el desierto. En estas páginas se muestran algunas maneras en que las plantas del desierto están adaptadas a sus duros hogares.

El saguaro

El saguaro sólo crece en el desierto de Sonora. El tallo del saguaro tiene **pliegues**. Estos se **expanden**, o crecen, para almacenar agua durante las estaciones lluviosas. Como la mayoría de los cactos, el saguaro tiene una piel gruesa y cerosa cubierta de **espinas**. Las espinas impiden que los animales se coman los cactos. La cubierta cerosa ayuda a evitar que pierdan agua.

El saguaro puede crecer hasta 56 pies (17 m) de alto. ¡Generalmente vive más de 200 años!

Una corta vida

Algunas plantas del desierto evitan los períodos más cálidos del año permaneciendo vivas durante períodos cortos. Muchas de las flores primaverales del desierto sólo viven unas semanas. Florecen en la estación primaveral lluviosa y esparcen nuevas semillas antes de morir. Las semillas permanecen **latentes** hasta la siguiente estación lluviosa. Las semillas latentes no crecen hasta que hay humedad suficiente para sobrevivir.

Las plantas pierden agua a través de las hojas. Por ello, la mayoría de las plantas del desierto tienen hojas muy pequeñas o no tienen hojas.

Hallar agua

Los cactos y los arbustos son las plantas más comunes del desierto. No crecen cerca unas de las otras. Necesitan espacio para extender sus largas raíces **superficiales**. Las raíces superficiales crecen hacia los costados, en lugar de crecer hacia abajo. Las raíces son largas para que las plantas puedan obtener agua de una gran área de tierra. Son superficiales para que puedan absorber el agua antes de que ésta descienda en la tierra. Las plantas almacenan el agua en los tallos y en las hojas. Las plantas que almacenan agua se llaman **suculentas**.

13

Herbívoros del desierto

El conejo castellano del desierto es un animal que pasta. Se alimenta principalmente de pasto.

El borrego cimarrón del desierto es un animal que desrama. Se alimenta principalmente de hojas y ramas pequeñas.

En el desierto de Sonora, viven más especies de plantas y animales que en cualquier otro desierto del mundo. Algunos animales del desierto de Sonora son herbívoros. Los herbívoros del desierto deben comer muchas plantas para obtener la energía alimentaria que necesitan.

Tipos de herbívoros

No todos los herbívoros comen las mismas plantas. Los herbívoros que comen pasto y plantas pequeñas de poca altura son animales que **pastan**. Los que comen hojas, brotes y ramas pequeñas, **desraman**.

Alimentos diferentes

Los herbívoros comen diferentes partes de las plantas. Cuando florecen las flores del desierto, las mariposas, las abejas y muchas aves se alimentan del **néctar**. El néctar es un líquido dulce que se encuentra en las flores. Muchos animales pequeños y algunas aves comen las semillas, las raíces y los frutos de las plantas del desierto.

Los pecaríes de collar comen muchas partes de los cactos. También se alimentan de las raíces de diferentes plantas. Las raíces proveen el agua y los nutrientes que estos animales necesitan para sobrevivir.

La tortuga del desierto come los frutos rojos que crecen en los nopales.

15

Animales del desierto de Sonora

Los animales del desierto deben trabajar mucho para hallar alimento, agua y refugio del calor. Algunos animales tienen partes especiales del cuerpo que los ayudan a sobrevivir. La tortuga del desierto, que se muestra a la derecha, almacena agua en el cuerpo. Después de beber grandes cantidades de agua, ¡no necesita beber de nuevo durante años! En estas páginas, se muestran otras maneras en que los animales sobreviven en el desierto de Sonora.

Un sueño profundo

Durante la época más calurosa del año, algunos animales del desierto, como este jerbo, tienen un sueño profundo llamado **estivación**. Los animales que estivan duermen durante varias semanas seguidas. Mientras duermen, el cuerpo de los animales usa muy poca energía. No necesitan comer ni tomar agua.

*Los animales estivan en **madrigueras**, o túneles subterráneos, que cavan como refugios.*

16

La vida nocturna

En un caluroso día de verano, pareciera que no vive ningún animal en el desierto de Sonora. Para evitar el calor, la mayoría de los animales del desierto, como estos zorros del desierto, son **nocturnos**. Los animales nocturnos salen al **atardecer** o anochecer y cazan durante la noche. Durante el día, duermen en frescas madrigueras subterráneas o en lugares con sombra.

El diminuto ratón del desierto pasa la mayor parte de su vida bajo tierra. Tiene pequeñas bolsas en la boca en las que puede guardar muchas semillas. Usa las bolsas para juntar el suficiente alimento para permanecer en su madriguera durante meses. Cuando se acaba la comida, sale de su madriguera para juntar más semillas. Luego, regresa bajo tierra.

17

Carnívoros del desierto

Muchos animales del desierto son carnívoros que obtienen energía alimentaria al comer otros animales. La mayoría de los carnívoros son depredadores. Los **depredadores** son animales que cazan y matan otros animales para alimentarse.

Los animales de los que se alimentan son la **presa**. Muchos depredadores son consumidores secundarios porque comen herbívoros, pero algunos también comen carnívoros. Cuando los carnívoros comen otros carnívoros, se llaman **consumidores terciarios**.

Un animal, dos comidas

Algunos carnívoros comen tanto herbívoros como otros carnívoros. Por ejemplo, el lince que se muestra arriba se considera un consumidor secundario cuando come una ardilla, que es herbívora. Cuando come un correcaminos, que es un carnívoro, se le considera un consumidor terciario.

*El lagarto cornudo se alimenta principalmente de las hormigas granívoras. Los animales que se alimentan de insectos se llaman **insectívoros**.*

Animales importantes

Los depredadores son animales muy importantes en las cadenas alimentarias. Sin ellos, habría demasiados herbívoros y en poco tiempo se comerían todas las plantas.

Cazadores útiles

Los carnívoros también son importantes porque ayudan a mantener saludables las **poblaciones** de animales del desierto. Generalmente, **se alimentan de presas** indefensas, como los animales muy jóvenes, enfermos o viejos. Los carnívoros cazan animales débiles porque son los más fáciles de atrapar. Al cazar animales débiles, los carnívoros los eliminan de la cadena alimentaria. Sin los animales débiles, hay más alimento para los animales sanos.

Los halcones Harris son carnívoros que viven en el desierto de Sonora. Cazan muchos animales pequeños, como conejos, roedores, serpientes y lagartos.

Cazadores y carroñeros

Los carnívoros tienen muchas formas de atrapar el alimento. Algunos depredadores, como las tarántulas del desierto, atrapan las presas tendiendo una **emboscada**, o atacando rápidamente la presa desde un escondite. Los pumas y otros depredadores se acercan a la presa a hurtadillas y la persiguen. La mayoría de los depredadores también tienen partes especiales del cuerpo que los ayudan a atrapar sus presas. Por ejemplo, muchas arañas, serpientes y escorpiones del desierto inyectan **veneno** en la presa.

La codorniz de Gambel usa sus largos dedos para sacar los insectos que viven bajo tierra.

Alimentarse de la carroña

Algunos carnívoros son **carroñeros**.
Los carroñeros son animales que
se alimentan principalmente de
la **carroña**, o animales muertos.
Los buitres negros, como el
que se muestra a la derecha,
son carroñeros del desierto de
Sonora. Esperan hasta que un
animal termine de comer su
presa y luego se alimentan de
lo que queda.

Limpieza del desierto

Los carroñeros ayudan a
mantener limpio el desierto
de Sonora. También usan el
resto de energía del cuerpo
de los animales muertos,
que de lo contrario se
desperdiciaría.

*El carancho es un ave rapaz que se
alimenta principalmente de animales
muertos. Los caranchos incluso siguen a
los buitres hasta el alimento y los atacan
hasta que abandonan su comida.*

21

Omnívoros del desierto

Como es difícil encontrar alimento en el desierto, la mayoría de los animales que lo habitan son **omnívoros**. Los omnívoros comen tanto plantas como otros animales. Son **oportunistas** porque comen cualquier alimento disponible. A los omnívoros no les resulta difícil encontrar alimento, ya que comen casi cualquier cosa. Los coyotes, como el que está arriba, son omnívoros. Comen conejos, ratones, ardillas, insectos y lagartos. También comen frutos y otras partes de las plantas.

Cambio de alimento

La **dieta** de un omnívoro, o los tipos de alimentos que come, a menudo cambia según la estación. Muchas aves omnívoras del desierto comen insectos durante una parte del año y plantas en otros períodos. Por ejemplo, el correcaminos, que se muestra abajo, se alimenta principalmente de insectos y pequeños reptiles durante el verano. En el invierno, cuando es más difícil hallar las presas, el correcaminos come plantas.

El lagarto de collar corre de roca en roca persiguiendo y comiendo insectos. También come frutos del desierto.

Descomponedores del desierto

Los carroñeros no son los únicos seres vivos que ayudan a mantener limpio el desierto. Los **descomponedores** también hacen su parte. Son seres vivos que comen plantas y animales muertos para obtener los últimos pedacitos de energía alimentaria almacenada. Las **bacterias**, los gusanos, las termitas y los caracoles son descomponedores comunes del desierto de Sonora. Forman **cadenas alimentarias de detrito**, como la que se muestra a la derecha. El detrito es materia que se **descompone**.

Una cadena alimentaria de detrito

Cuando muere una planta o un animal, como este murciélago, se convierte en materia muerta en el suelo.

Los descomponedores en el suelo, como este gusano, comen la materia muerta y obtienen un poco de la energía almacenada en ella. Luego pasan parte de esta energía al suelo a través de sus excrementos.

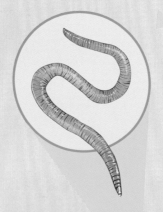

Los excrementos de los descomponedores agregan nutrientes al suelo. Los nutrientes ayudan a las plantas a crecer.

Nota: Las flechas apuntan a los seres que reciben la energía.

Nutrientes sobrantes

Los descomponedores ayudan a
mantener sano el suelo. Liberan la
energía sobrante que está atrapada
en la materia muerta en el suelo.
La energía sobrante contiene
nutrientes que nuevas plantas
extraen del suelo. Sin estos
nutrientes, las plantas no
podrían crecer y los demás
seres vivos morirían de
hambre al poco tiempo.

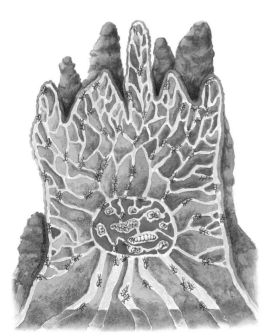

Las termitas son descomponedores importantes
en el desierto de Sonora. Sin ellas, el suelo se
llenaría de materia muerta.

Los milpiés podrían tardar cientos de
años en descomponer grandes plantas
o árboles, como este saguaro muerto.

25

Una red alimentaria del desierto

La mayoría de los seres vivos pertenecen a más de una cadena alimentaria. Hay muchas cadenas alimentarias en el desierto de Sonora. Una cadena alimentaria incluye una planta, un herbívoro y un carnívoro. Cuando un animal de una cadena alimentaria come una planta o animal de otra cadena, ambas cadenas se conectan. Dos o más cadenas alimentarias conectadas forman una **red alimentaria**. La mayoría de las redes alimentarias abarcan muchos tipos de plantas y animales.

Una red alimentaria de verano

Este diagrama muestra una red alimentaria de verano en el desierto de Sonora. Las flechas apuntan a los seres vivos que reciben la energía alimentaria.

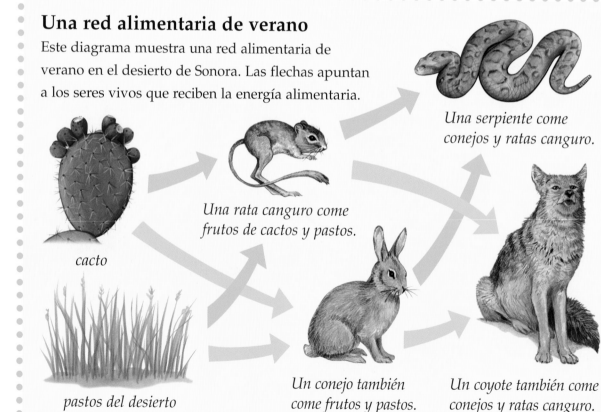

cacto

pastos del desierto

Una rata canguro come frutos de cactos y pastos.

Un conejo también come frutos y pastos.

Una serpiente come conejos y ratas canguro.

Un coyote también come conejos y ratas canguro.

Cambio de estaciones

Las cadenas alimentarias del desierto de Sonora cambian según la estación. Muchas plantas del desierto crecen durante ciertas estaciones. Forman parte de una red alimentaria solamente cuando están vivas. Muchos animales del desierto estivan. Cuando un animal estiva, no forma parte de la red alimentaria porque los animales que estivan no comen.

Algunos animales duermen durante el verano, mientras que otros lo hacen en los meses de invierno. El monstruo de gila que se muestra arriba estiva durante el invierno. Sólo forma parte de una red alimentaria cuando está activo durante los meses de verano.

Durante el invierno, las serpientes cencuates duermen debajo de rocas o en madrigueras.

27

Poco alimento

El desierto de Sonora es un lugar especial. Algunas plantas y animales del desierto de Sonora no viven en ningún otro lugar del mundo. Sin embargo, las personas amenazan el desierto de Sonora de muchas maneras. Cuando grandes cantidades de personas se mudan al desierto, usan mucho espacio para construir ciudades, granjas y áreas recreativas. Cuando necesitan espacio, **talan**, o cortan, las plantas de grandes áreas del desierto. Algunos de los animales que viven en estos lugares deben mudarse a otras áreas para hallar alimento. Sin embargo, muchos animales del desierto mueren cuando les quitan sus lugares.

Carnívoros hambrientos

La tala de grandes áreas del desierto causa muchos problemas. Cuando se cortan las plantas, muchos herbívoros mueren por falta de alimento. Cuando mueren los herbívoros, los carnívoros, como el puma que aparece a la izquierda, no tienen suficiente alimento para comer. A veces, van a las ciudades en busca de alimento y pueden comer perros o gatos que están en la calle. Como muchas personas tienen miedo de estos grandes carnívoros, les disparan y los matan.

Tala de árboles y plantas

Se han talado miles de árboles y plantas de los desiertos para sembrar cultivos y para que las vacas y otros animales tengan lugares donde pastar. Los animales que pastan comen muchas de las plantas que necesitan los animales del desierto para alimentarse. Los cultivos y los animales de las granjas necesitan mucha agua, que las máquinas deben bombear de ríos lejanos hasta el desierto. El bombeo de agua de los ríos puede provocar que los ríos se sequen para siempre.

Suelo especial

A muchas personas les agrada visitar el desierto de Sonora. Sin embargo, cuando demasiadas personas caminan por el suelo del desierto, las plantas desérticas sufren. El suelo del desierto está cubierto de una corteza especial que conserva los nutrientes en el suelo. Cuando las personas pasan a pie, en vehículo o en bicicleta por el suelo, destruyen esta corteza. Los animales que pastan también arruinan la corteza del suelo. Cuando se daña la corteza, las plantas del desierto pierden los nutrientes importantes que necesitan para sobrevivir.

A menudo, se destruyen grandes áreas de tierra donde viven muchos animales y plantas del desierto para hacer campos de golf. También se necesita mucha agua para mantener verdes los campos de golf.

Ayuda para el desierto

Hay muchas personas que intentan salvar el desierto de Sonora. ¡Tú también puedes ayudar a salvar el desierto! Una de las mejores maneras de ayudar es aprender todo lo que puedas sobre el desierto de Sonora. Puedes encontrar información sobre este desierto especial en este libro, en otros libros de la biblioteca y en Internet. Comparte la información que aprendas con tu familia y amigos. En estas páginas, se muestran algunas de las maneras en que las personas ayudan al desierto de Sonora.

Parques nacionales

Los **parques nacionales** son áreas naturales que están protegidas por el gobierno. Brindan lugares seguros para que vivan plantas y animales. Se han creado muchos parques nacionales en el desierto de Sonora. Las personas pueden visitarlos pero deben permanecer en **senderos**, o caminos. Al permanecer en los senderos, no molestan a los animales y plantas ni destruyen la corteza especial del suelo del desierto. La gente también puede mantener limpios los parques arrojando la basura en los cestos de basura. Los visitantes pueden ayudar a los parques nacionales respetando las reglas.

Estudio del desierto

Los científicos estudian el desierto de Sonora y las plantas y los animales que viven allí. El estudio del desierto ayuda a que los científicos conozcan los daños que ha sufrido el desierto. Así, los científicos y otros grupos de personas pueden ayudar a aprobar leyes que protejan el desierto de Sonora. Por ejemplo, ahora es **ilegal** que los agricultores pasten **ganado** en muchas áreas del desierto de Sonora. Esta ley protege los hogares naturales de muchos animales del desierto, como el lince que se muestra arriba.

Algunas ciudades del desierto de Sonora ayudan a las aves locales pidiéndoles a las personas que cultiven plantas del desierto alrededor de las casas y edificios. Las plantas proporcionan a muchos tipos de aves lugares donde vivir en las ciudades.

Glosario

Nota: Es posible que las palabras en negrita que están definidas en el texto no figuren en el glosario.

bacterias Seres vivos diminutos que tienen una sola célula

dióxido de carbono Gas del aire que las plantas necesitan para producir alimento

energía La fuerza que los seres vivos obtienen del alimento, que los ayuda a moverse, crecer y estar sanos

espinas Agujas filosas que salen de los cactos

estivar Dormir durante mucho tiempo

ganado Animales criados por las personas como alimento

latente Estado durante el cual las semillas no crecen porque no hay suficiente agua o luz solar

oxígeno Gas incoloro e inodoro del aire, que los animales necesitan para respirar

pigmento Color natural que se encuentra en las plantas y animales.

población Número total de plantas o animales de un mismo tipo que viven en un lugar

roedores Grupo de animales que tienen cuerpos pequeños y dientes delanteros que nunca dejan de crecer

Índice

1 2 3 4 5 6 7 8 9 0   Impreso en Canadá   5 4 3 2 1 0 9 8 7 6